오늘은 저의 번째 생일입니다.

생일은 아주아주 특별한 날이야!
이 세상에 내가 태어난 날이니까~
내가 태어난 날은
　　년　　월　　일이야

# 축하송

생일 축하 합니다~
생일 축하 합니다~
사랑하는 우리
생일 축하 합니다~

생일은 부모님께 감사하는 날이야~
엄마, 아빠의 사랑으로 이 세상에
내가 태어날 수 있어서 감사해.

엄마, 아빠
사랑해요~
감사해요~

교과서에 따른

# 화훼 실물자료

유에이씨

# 차 례

# 개나리

 생김새

가느다란 가지에 잎이 마주납니다.
잎은 타원 모양이며, 양끝이 뾰족하고
가장자리에 톱니가 있습니다.
4월에 잎보다 꽃이 먼저 핍니다.
꽃은 종 모양에서 꽃잎이
네 갈래로 깊게 갈라집니다.

## 나는 곳

양지바른 곳에서 잘 자랍니다. 뜰에 심어 가꾸거나 울타리로
심습니다. 서양에서는 황금종이라고 부릅니다.

## 특 징

암꽃과 수꽃이 따로 핍니다. 우리나라 특산종인 떨기나무입니다.
주로 꺾꽂이나 휘묻이로 번식합니다. 열매는 약으로도 쓰입니다.

활짝핀 개나리 꽃

잎

꽃

# 과꽃

 생김새

줄기는 가지를 많이 치고 풀 전체에 흰 털이 많으며 꽃은 여름부터 초가을에 걸쳐 긴 꽃자루 끝에 하나씩 핍니다. 본래 꽃 색깔은 진한 보라색이었으나 품종 개량을 하여 여러가지 꽃이 있습니다.

## 나는 곳

관상용으로 재배하며, 고원과 산지에서 키 30~100cm로 자랍니다. 또 집안 꽃밭에 심어 가꾸고 백두산에서 저절로 자라기도 합니다.

## 특 징

한해살이풀이며 꽃 색깔은 붉은 색, 분홍색, 자주색 등이 있습니다. 긴 줄기 끝에 한송이씩 달리며 열매는 납작하고, 긴 타원형이며 털이 있습니다. 중국에서는 과꽃을 추금화라고 부릅니다.

겹꽃

봉우리

분홍꽃

자주색꽃

# 국화

## 생김새

줄기 끝에 작은 꽃잎이 모여 꽃송이를 이룹니다. 잎은 어긋나기로 달리며 달걀 모양의 잎이 깃꼴로 갈라집니다. 9~10월에 품종에 따라 여러가지 색의 꽃이 핍니다.

## 나는 곳

원예 품종으로 많이 가꾸며 들국화는 낮은 산이나 들에서 자랍니다.

## 특 징

중국이 원산지인 여러해살이풀입니다. 원예품종으로 개량한 종류가 많으며 매화, 난초, 대나무와 함께 사군자라고도 합니다. 원예 품종은 주로 꺾꽂이로 번식시킵니다.

대륜

대륜

대륜

중륜

소륜

화천초

청천

조월

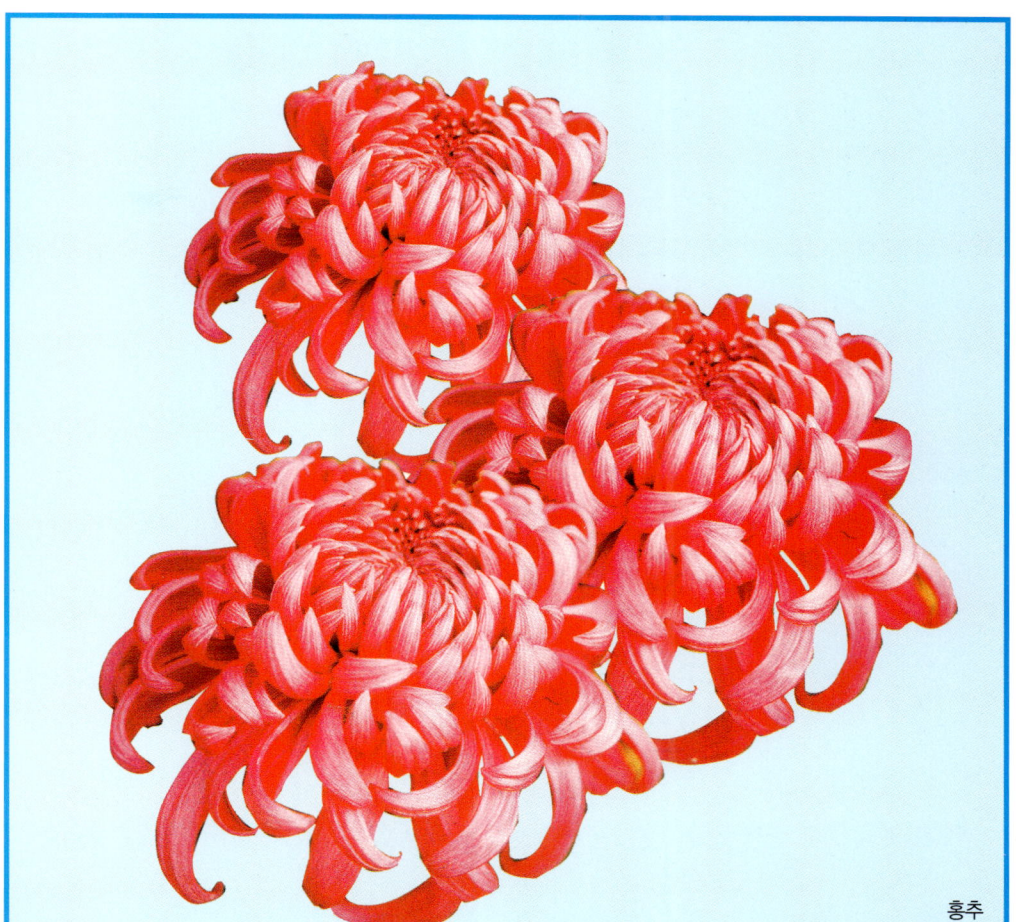

홍추

약죽

천사

십육야

# 금낭화

## 생김새

꽃자루가 짧은 꽃이 줄기에 여러 송이가 귀고리처럼 매달려 있습니다. 잎은 어긋나기로 달리며 깃 모양에서 두 갈래로 갈라집니다. 4~5월에 짙은 분홍색 꽃이 핍니다.

## 나는 곳

우리나라의 전국에서 자라며, 깊은 산 속의 골짜기에서도 자랍니다. 강인한 식물로 어떤 토양에서도 잘 자랍니다.

## 특 징

중국이 원산지인 여러해살이풀입니다. 집 안 화단에 심어 가꾸며 감상하기도 합니다. 봄에 발아한 묘를 7~8월 경에 이식하며 포기나누기나 꺾꽂이로도 가능합니다.

금낭화

흰금낭화

# 나리

## 생김새

곧게 뻗은 줄기의 가지 끝에 나팔 모양의 꽃이 아래를 향해 매달려 있습니다. 꽃잎은 뒤로 말려 있고 암술과 수술이 길게 나와 있습니다. 주황색 꽃잎에 검은 점이 많이 있습니다. 7~8월에 꽃이 핍니다.

## 나는 곳

우리 나라의 전국에서 나며, 낮은 산의 풀밭이나 들에서 자랍니다. 집 안 꽃밭에 심어 가꾸며 감상하기도 합니다.

## 특 징

백합의 한 종류로 여러해살이 풀입니다. 땅 속 비늘줄기에 양분을 저장합니다. 참나리, 하늘나리, 말나리, 솔나리, 땅나리 등이 있습니다.

솔나리

땅나리

하늘나리

중나리

솔나리

노랑땅나리

참나리

# 나팔꽃

● 꽃이 피는 모습 관찰

새벽 1시40분

3시 10분

3시 40분

3시 50분

4시

4시 20분

7시

5시

익은 열매

어린 열매

시계 방향으로 감고 올라갑니다.

**생김새**

덩굴줄기가 다른 것을 왼쪽으로 감으며 자랍니다. 잎은 어긋나기로 달리며 심장 모양으로 세 갈래로 갈라집니다. 7~8월에 나팔 모양의 꽃이 보라색이나 빨간색으로 핍니다.

 **나는 곳**

우리나라의 전국에서 나며, 심어 가꾸기도 합니다. 주로 시골집 울타리에서 자랍니다.

 **특 징**

인도가 원산지인 한해살이 덩굴풀입니다. 새벽에 꽃봉오리가 벌어지고 아침에 활짝 피었다가 점심때면 시듭니다. 꽃이 진 후에 꽃받침 속에 까만 씨가 맺힙니다.

# 난초

● 난초의 종류

호접란

호접란

해오라비난초

팔레놉시오

**보화춘**

건조한 숲에 자라며
춘란이라고도 합니다.
뿌리에서 나오는 잎은
가늘고 길며, 꽃은 연
한 황록색으로 핍니다.

주로 잎을 관상하는 동양란과 꽃이 크고 빛깔이 화려한 서양란으로 잎은 홑잎이고 없는것도 있습니다.

### 나는 곳

전 세계에 20,000여 종이 있으며 우리나라에는 80여종이 있고 산에 자라며, 관상용으로도 많이 가꾸고 있습니다.

### 특 징

늘 푸른 여러해살이풀이며, 땅 속에 굵은 뿌리 줄기나 굵은 알뿌리를 가진 것이 많습니다. 동양란은 추위에 강하고 서양란은 열대지방이 원산지로 추위에 약합니다.

# 달리아

## 🌿 생김새

7~8월에 꽃이 핍니다. 꽃잎이 여덟 장 피는 것이 원래 품종입니다. 아주 많은 꽃잎으로 된 겹꽃이 개량되어 있습니다. 꽃의 색은 빨강, 분홍, 보라색, 흰색 등 여러가지입니다.

## 🌱 나는 곳

멕시코가 원산지이고 키 1.5~2m 로 자라며 줄기에 흰 가루가 덮여 있습니다. 우리나라도 전국에서 심어 가꿉니다.

## 🐛 특 징

땅 속에 고구마처럼 생긴 덩이뿌리가 자라는 여러해살이풀입니다. 꽃은 줄기와 가지끝에 한송이씩 옆을 향해 달리며, 열매는 10월에 익습니다.

위광

달리아

로셀라

# 달맞이꽃

생김새

곧게 자란 줄기에 난 가지 끝에 한 송이씩 달립니다. 노란색 꽃잎이 넉 장입니다. 6~9월에 꽃이 피고 뿌리에 나는 잎은 모여나기, 줄기에 나는 잎은 어긋나기로 납니다.

## 나는 곳

우리 나라 곳곳의 햇볕이 잘 드는 야산이나 들 아무곳에서 잘 자랍니다.

## 특 징

가을에 잎이 나서 겨울을 난 후 이듬해 봄에 곧은 줄기가 자라는 두해살이풀입니다. 저녁에 꽃이 피어 밤을 지내고 아침에 시들어 버립니다. 뿌리는 인후염에 꽃은 몽유병에 씨는 동맥경화에 쓰입니다.

왕달맞이꽃

# 도라지꽃

 **생김새**

잎은 어긋나고 긴 달걀 모양이며 가장자리에 톱니가 있습니다. 꽃은 끝이 벌어진 종 모양이며 7~8월에 보라색 또는 흰색으로 핍니다.

 **나는 곳**

산과 들에서 자라며, 특히 햇빛이 잘 드는 곳이라면 어디에서나 잘 자랍니다. 식용으로 밭에 재배도 합니다.

 **특 징**

여러해살이풀이며, 산과 들에서 키 40~100cm로 자랍니다. 줄기와 가지 끝에 한송이씩 위로 향해 달립니다. 열매는 달걀 모양이며 9~10월에 익으며 뿌리를 먹고 약재로도 쓰입니다. 한방에서 길경이는 도라지를 말하며, 흰꽃이 핀 도라지를 백도라지라 합니다.

겹도라지

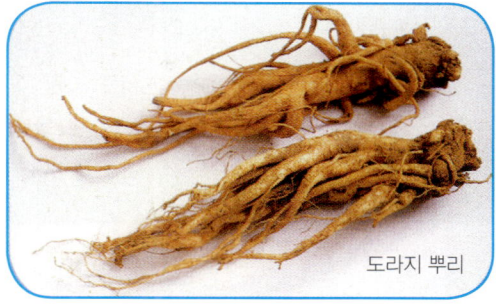
도라지 뿌리

# 동백꽃

늘푸른 나무인 동백나무 가지 끝에 한 송이씩 핍니다. 꽃잎은 둥근 모양으로 붉은색 입니다. 흰색, 분홍색 도 가끔 있습니다. 나뭇잎은 긴 타원 모양입니다.

## 나는 곳

남부 지방 해안 근처의 산지와 마을 부근에서 자랍니다.

## 특 징

곤충이 없는 겨울에 꽃이 핍니다. 그러므로 동박새의 도움을 받아 꽃가 루를 옮깁니다. 이런 꽃을 조매화라고 합니다. 동백나무씨는 기름을 짜먹 기도 하지만 머리 기름으로 더 많이 사용하였습니다. 나무는 말려서 다식 판이나 빗을 만들었어요.

꽃봉우리

흰색

겹꽃

열매

# 라일락

## 생김새

잎은 마주나며 심장 모양입니다. 꽃은 흰색과 연한 보라색으로 4~5월에 전년도 가지 끝에 핍니다. 작은 꽃이 많이 피어 꽃다발을 이룹니다.

## 나는 곳

산록 양지나 석회암 지대에서 자랍니다. 향기가 좋아 관상용으로 정원에 많이 심습니다.

## 특 징

우리 나라 이름은 수수꽃다리입니다. 라일락은 꽃향기가 좋아서 벌이나 나비가 많이 모여듭니다. 꽃은 가지 끝에 많이 모여 커다란 원추형을 이루며 달립니다.

흰색꽃

보라색꽃

붉은색꽃

# 매화

## 생김새

3~4월에 나뭇가지의 잎겨드랑이에서 꽃이 1~3송이 핍니다. 꽃잎은 여러 장이며 달걀을 거꾸로 세워 놓은 모양입니다. 꽃색깔은 흰색, 분홍, 빨강이며 향기가 납니다. 잎보다 꽃이 먼저 핍니다.

## 나는 곳

흰색 꽃이 피는 흰매화, 붉은 색 꽃이 피는 홍매화, 노란색꽃이 피는 황매화가 있습니다.

## 특징

꽃이 진 후 매실이라는 열매가 열립니다. 매실은 약으로 쓰이기도 하고 매실주라는 술을 담급니다. 난초, 국화, 대나무와 함께 사군자라고 합니다. 모든 생물이 추위에 떨고 있을 때 꽃을 피워 봄을 가장 먼저 알려 줍니다.

홍매화

백매겹꽃

황매겹꽃

매실

# 맨드라미

## 생김새

곧게 자란 줄기 끝에 난 닭의 볏 모양 꽃줄기에 작은 꽃이 많이 달립니다. 붉은꽃이 대부분이지만 노란꽃, 흰꽃도 있습니다. 7~8월에 꽃이 핍니다.

## 나는 곳

햇볕이 잘 들고 조금 메마른 곳에서 잘 자랍니다. 우리 나라 전국에서 심어 가꿉니다.

## 특 징

한해살이풀로 줄기도 붉은 부분이 많습니다. 씨앗은 9월에 까맣게 영글며, 농촌이나 학교 정원에서 관상수로 기릅니다. 붉은 색소는 좋은 천연물감이며, 꽃에서 짠 즙은 떡이나 부침개에 넣었습니다.

여러종류의
맨드라미

실맨드라미

노란색꽃

붉은색꽃

# 모란

## 생김새

키가 2m까지 자라며 잎은 어긋나고 깃털 모양이며, 뒷면에 잔털이 있고 가장자리에 톱니가 있습니다. 꽃이 매우 아름답습니다.

## 나는 곳

중국이 원산지이고, 정원이나 공원에서 관상용으로 기르며 열매는 약용으로도 쓰입니다.

## 특 징

갈잎떨기나무, 꽃은 봄에 가지 끝에 한송이씩 피는데 겹꽃이고, 꽃색깔은 붉은색, 흰색, 분홍색 등이 있으며 열매는 9월에 익습니다.

## 모란과 작약의 비교

모란

작약

33

# 메꽃

## 생김새

덩굴줄기에서 난 긴 꽃줄기에 한 송이씩 핍니다. 나팔꽃과 비슷하게 생겼으며 연한 분홍색과 붉은색입니다. 꽃은 6~8월에 피고 잎은 어긋나기로 납니다.

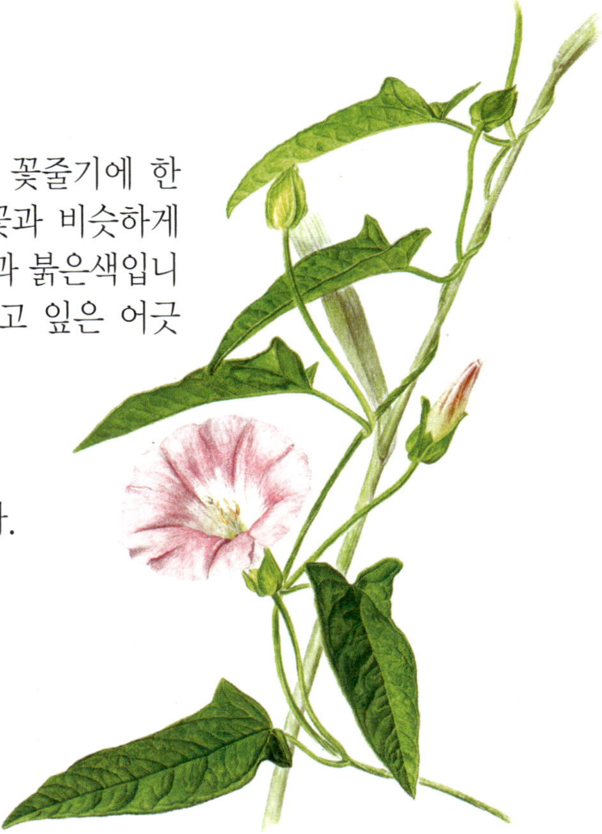

## 나는 곳

우리 나라 전국의 들판이나 농촌의 담장에서 흔히 자랍니다.

## 특 징

여러해살이 덩굴풀입니다. 가는 줄기가 다른 식물 줄기를 감고 올라갑니다. 땅 속 뿌리줄기가 사방으로 뻗어 나가며 꽃은 나팔꽃과 비슷합니다.

갯메꽃

붉은색 메꽃

분홍색 메꽃

## 메꽃

| 꽃 | 꽃의 전개도 |
|---|---|

암술　　　　수술

꽃받침　　　포

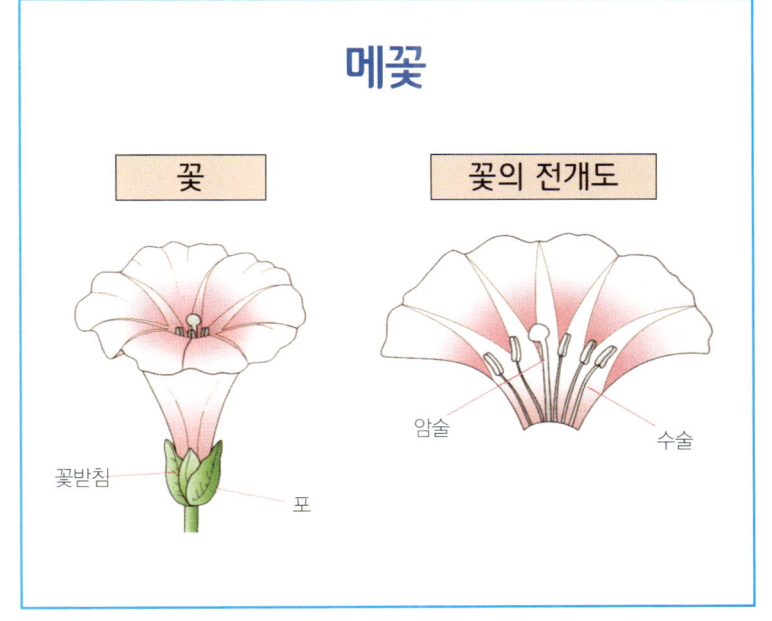

꽃봉우리

# 목련

**생김새**

나뭇가지 끝에 타원 모양의 꽃잎이 모여 종 모양을 이루며 큰 꽃이 3~4월에 잎보다 먼저 핍니다. 꽃이 진 뒤에 잎이 나오며 어긋나고 긴 타원 모양입니다.

 **나는 곳**

목련은 제주도의 숲 속에서 저절로 자라는 토박이 나무입니다. 집 뜰에 심어 가꿉니다.

**특 징**

연꽃을 닮은 꽃이 나무에 핀다 하여 "목련"이라고 이름을 붙였습니다. 백목련꽃은 향기가 좋아 향수원료로 쓰입니다.

자목련

자목련

목련분재

백목련

봉우리

# 무궁화

 **생김새**

새로 자란 잎겨드랑이에
한 송이씩 핍니다. 꽃의
안쪽에 붉은 색 무늬
가 있습니다. 꽃잎
은 대개 다섯 장이
며, 품종에 따라
겹꽃도 있습니다.

 **나는 곳**

우리 나라 중부 이남의 정원이나 울타리에 심어 가꿉니다

 **특 징**

우리 나라 꽃입니다. 무궁화는 '오래 피는 꽃'이라는 뜻입니다. 꽃송이는 아
침에 피었다가 오후에 집니다. 하지만 다른 꽃이 계속 피어나므로 오랫동안
꽃을 볼 수 있습니다.

## 여러 가지 무궁화

선덕

난타

배달

사임당

에밀레

옥토

- 열매는 10월에 익으면서 5쪽으로 갈라진다.

- 가운데 방망이 모양으로 생긴 것은 암술대이고 옆에 달린것이 수술이다.

39

# 민들레

잎 사이에 꽃줄기가 나와 그 끝에 꽃이 한 송이씩 핍니다. 가늘고 긴 꽃이 많이 모여 송이를 이룹니다. 꽃은 4~5월에 피며, 꽃이 지면 씨가 여물면서 갓털이 생깁니다. 잎은 뿌리에서 모여 나며 옆으로 퍼집니다.

## 나는 곳

여러해살이풀로 산과 들의 양지바른 곳에 납니다. 토종민들레는 싹이 터서 꽃을 피우기까지 여러해가 걸리지만, 서양 민들레는 싹이 트는 그해 꽃이피고 씨를 맺습니다.

## 특 징

뿌리가 길게 뻗습니다. 갓털에 달린 씨가 바람에 날려 널리 퍼집니다. 토종민들레는 봄에 꽃이 피지만 서양민들레는 봄부터 가을까지 피며 주위에 다른꽃이 없어도 스스로 꽃가루 받이를 합니다.

● 민들레 씨의 자람

씨가 바람에 달려
번식한다.

흰민들레

서양민들레

# 바위취

키가 60cm 정도 자라며 전체에 적갈색 털이 빽빽하게 납니다. 잎은 뿌리줄기에서 뭉쳐나며 콩팥 모양이고 가장자리에 톱니가 있습니다. 초여름에 대(大)자 모양의 꽃이 핍니다.

## 나는 곳

습기가 있는 응달에서 자라며 주로 산 아래 골짜기에서 볼 수 있습니다. 원산지는 일본입니다.

## 특 징

꽃은 5월에 흰색으로 피고 꽃 줄기에 모여 달리는 늘 푸른 여러해살이풀입니다. 열매는 달걀모양이고 10월에 익으며 전체를 약재로도 쓰입니다.

# 백일홍

## 생김새

대롱꽃과 혀꽃으로 된 꽃송이가 줄기 끝에 한 송이씩 핍니다. 꽃은 노란색, 주홍색, 분홍색, 보라색 등 여러 가지가 6~10월에 핍니다.

## 나는 곳

햇볕이 잘 들고 기름지며 물이 잘 빠지는 곳에서 잘 자랍니다. 원산지는 맥시코 입니다.

## 특 징

봄에 씨앗을 뿌려 가꾸는 한해살이풀입니다. 잎은 마주나기로 나며, 달걀 모양으로 끝이 뾰족합니다. 여름 내내 꽃을 피웁니다. 100일 동안 붉게 핀다고 하여 백일홍이라는 이름을 붙였습니다.

올드 멕시코        호와리 긱        엑스 크이짓        드림

# 백합

줄기 끝에 나팔 모양의 꽃이 2~3송이씩 달려 줄기 옆부분에서 5~6월에 흰색으로 핍니다.

가늘고 긴 잎이 줄기의 중간에서 어긋나기로 납니다.

## 나는 곳

원산지는 일본이며, 우리 나라 전국에서 숲이나 수목의 그늘에서 50~100cm로 자랍니다.

## 특 징

여러해살이풀로 땅 속에 둥그런 비늘줄기가 있습니다. 품종을 개량하여 예쁜 꽃을 많이 만들어 냅니다. 100개의 조각이 합해진 뿌리라 하여 백합이라 부릅니다.

알뿌리는 비늘줄기이다

백합꽃

가까이 본 암술과 수술

꽃 망울

# 뱀딸기

## 생김새

덩굴이 옆으로 뻗으면서 마디에서 뿌리가 내립니다. 잎은 어긋나고 달걀모양이며 가장자리에 톱니가 있습니다.

## 나는 곳

풀밭이나 밭둑 혹은 논둑에서 자라며, 줄기는 20cm정도 입니다.

## 특 징

꽃은 4~5월에 피고 노란색으로 피며 잎겨드랑이에서 나온 긴 꽃줄기 끝에 한송이씩 달립니다. 열매는 둥글며 6월에 붉게 익는 여러해살이풀입니다. 열매는 먹을 수 있습니다.

멍석딸기

뱀딸기꽃

붉은 가시 딸기 꽃

줄딸기

## 벚꽃

 생김새

나뭇가지에 다섯 장으로 된 꽃이 아주 많이
달리며, 4~5월에 잎보다 먼저 분홍색 또는 흰
색 꽃이 핍니다. 잎은 어긋나고 타원
모양으로 끝이 뾰족합니다.

### 나는 곳

산이나 마을 부근에 나며, 전국의 공원이나 길가에서
흔히 볼 수 있습니다.

### 특 징

벚꽃은 일본의 국화이며, 꽃이 지고 나면 열매가 열
리고 6~7월에 빨갛게 익습니다. 벚나무의 열매를 벚
찌라고 하며 검게 익으면 따먹기도 합니다.

벚지

왕벚나무

산벚나무

개벚나무

꽃벚나무

# 복수초

## 생김새

노란색 꽃잎이 20~30장 달려 있으며, 꽃은 2~4월에 핍니다. 뿌리에서 나온 잎은 원줄기를 감싸고 줄기에서 나온 잎은 서로 어긋나게 나옵니다.

## 나는 곳

우리 나라 전국의 숲 가장자리나 숲 속에서 저절로 자랍니다. 산에서 무분별 채취로 점차 사라지고 있습니다.

## 특 징

땅속뿌리가 잘 발달한 여러해살이풀입니다. 햇볕을 좋아하여 다른 식물이 자라기 전 이른봄에 꽃을 피웁니다. 대부분 꽃이 잎보다 먼저 피지만 제주도에서는 잎과 꽃이 같이 나옵니다. 약효로는 관절염, 신경쇠약, 이뇨작용, 종창 치료제로 쓰입니다.

새싹

활짝핀 꽃

열매

눈 위의 꽃

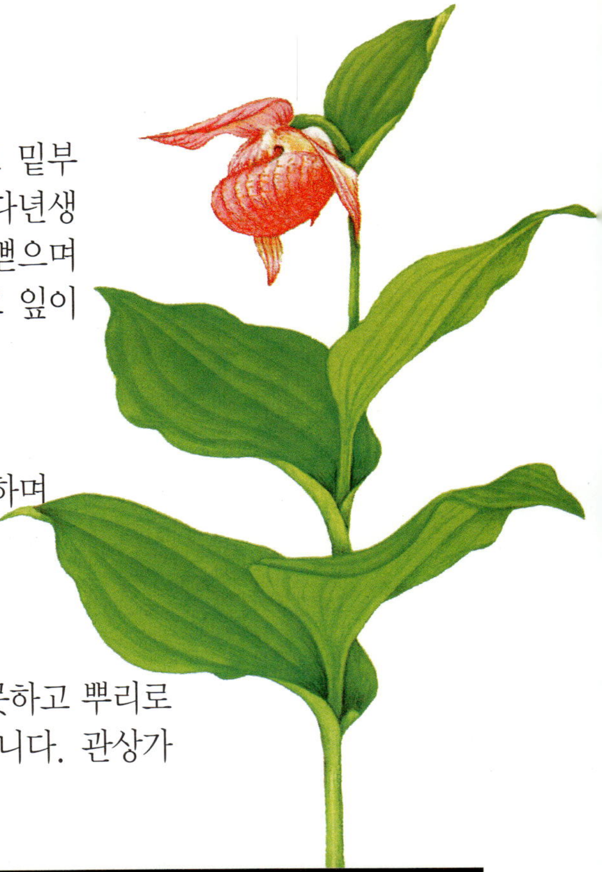

## 생김새

잎은 넓은 타원형이고 밑부분은 줄기를 감쌉니다. 다년생 식물로 근경이 옆으로 뻗으며 마디에서 뿌리를 내리고 잎이 3~5장인 타원형입니다.

## 나는 곳

깊은 산 고지대의 음지에 자랍니다. 새 눈을 떼어서 분주를 하며 재배하기가 어려워 번식이 쉽지 않습니다.

## 특징

여러해살이풀입니다. 여름에 홍자색 꽃이 피고, 열매는 맺지 못하고 뿌리로 번식합니다. 꽃 모양이 주머니 같아서 복주머니 꽃이라고도 합니다. 관상가치가 높습니다. 일본인들이 개불알꽃이라 하였습니다.

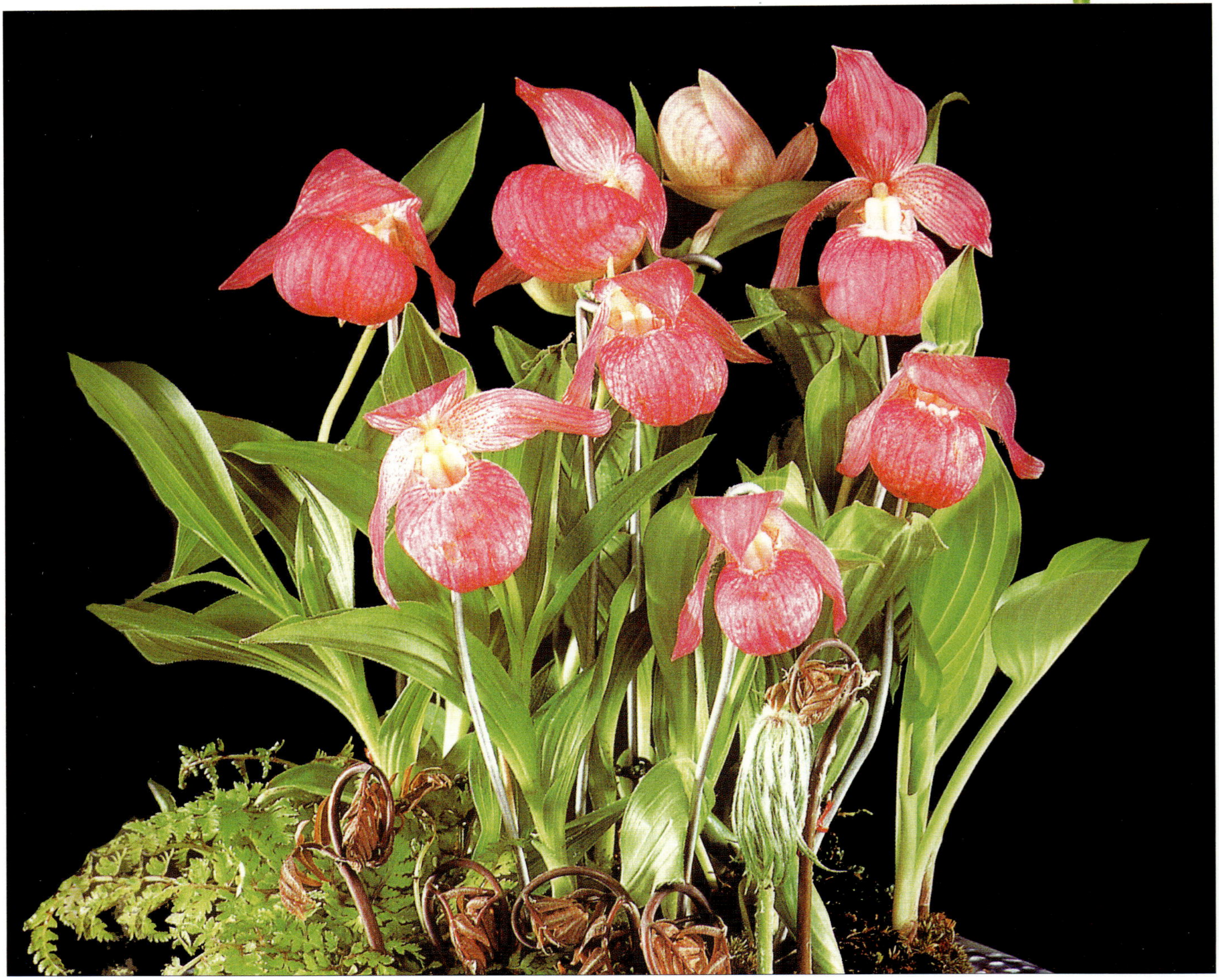

# 봉숭아

## 🌿 생김새

곧게 선 줄기의 잎겨드랑이에서 예쁜 꽃이 달려서 7~8월에 꽃이 피며, 빨강, 분홍, 흰색, 노랑 꽃이 있습니다. 잎은 어긋나며, 긴 타원 모양으로 양 끝이 좁습니다.

## 🌱 나는 곳

한해살이풀로 집 안의 꽃밭에 심어 가꿉니다. 인도나 중국, 말레이시아가 원산지입니다.

## 🐛 특 징

꽃잎으로 백반이나 소금 등을 섞어 손톱에 붉은 꽃물을 들입니다. 익은 열매를 건드리면 톡 터지며 씨가 멀리까지 퍼집니다. 봉선화라고도 하며, 씨앗을 받으려면 봉지를 씌워야합니다.

어린 씨

익은 씨

스스로 터진 씨

빨간 봉숭아

분홍 봉숭아

# 부레옥잠

## 생김새

잎은 많이나고 달걀 모양이며, 윤기가 있고 잎자루 가운데가 부풀어 물에 뜹니다. 높이는 30cm 안팎이고 잎 자루가 길읍니다.

## 나는 곳

열대 아마존이 원산지이고 지금은 세계 여러나라에서 기르며, 연못에서 떠다니며 자랍니다.

## 특 징

밑에 수염뿌리처럼 생긴 잔뿌리들은 수분과 양분을 빨아들이고 몸을 지탱하며 꽃은 8~9월에 연한 보라색으로 피는 여러해살이풀입니다. 그러나 우리나라에서는 추위를 견디지 못해 한 해 밖에 살지 못합니다.

물달개비

물옥잠

부레옥잠은 물에 떠 다니며 자라요

물옥잠

물에 떠 있는 부레옥잠

59

# 분꽃

가지 끝에 긴 나팔 모양의 꽃이 핍니다. 6~10월에 꽃이 피며, 저녁에 피었다가 아침에 집니다. 꽃은 분홍, 흰색, 노랑등이 있으며, 한 송이에 섞인 꽃이 피기도 합니다. 키가 1m정도 자라며 뿌리는 굵은 흑색입니다.

## 나는 곳

한해살이풀로 집 안의 꽃밭에 심어 가꿉니다. 옛날에는 씨 속에 흰가루를 화장품용으로 얼굴에 발랐다고 합니다.

## 특 징

검은 씨 속에 분가루 같은 것이 들어 있어서 '분꽃'이라고 이름을 붙였습니다. 원산지인 남아메리카에서는 여러해살이풀이지만 우리 나라에서는 한해살이풀입니다. 열매는 둥글고 검은색입니다.

60

노란꽃

꽃의 빛깔이 섞여 있는 것도 있다.

빨간꽃

분꽃씨

# 붓꽃

잎 사이에서 꽃줄기가 나와 보라색 꽃이 5~6월에 핍니다. 잎은 긴 칼 모양으로 뿌리줄기에서 모여납니다. 꽃 봉우리가 붓처럼 생겼다고 하여 붓꽃이라 부릅니다.

## 나는 곳

여러해살이풀로 산기슭 혹은 골자기나 들의 습기가 많은 풀밭에서 자랍니다.

## 특 징

꽃이 아름다워 온실에서 기르기도 합니다. 씨앗을 뿌려 가꾸기도 하고 포기나누기를 하기도 합니다. 뿌리줄기가 옆으로 뻗어 새싹이 나고 잔뿌리가 많이 내립니다. 붓꽃은 꽃창포와 비슷하게 생겼습니다.

꽃이 활짝 핀 모양

붓 모양의 꽃줄기

칼집모양인 각시붓꽃

노랑 무늬붓꽃

붓꽃

부채붓꽃

타래붓꽃

# 수국

 **생김새**

꽃잎이 4~5장인 작은 꽃이 많이 모여 큰 송이를 이룹니다. 꽃은 6~7 월에 피며 연한 자주색입니다.

**나는 곳**

갈잎떨기나무로 꽃밭에 심어 가꿉니다. 잎은 마주나며 달걀 모양입니다.

 **특 징**

일본이 원산지입니다. 서양으로 건너가 꽃이 크고 화려하게 개발되었습니다. 옛날에는 꽃을 말려서 열을 내리게 하는 약으로 사용하였습니다.

서양수국

청수국

나무수국

무늬잎수국

분수국

# 수련

뿌리줄기는 굵고 짧으며 수염 뿌리가 많이 나고, 잎이 물위에 뜹니다. 잎의 표면은 편편하고 광택이 있으며 뒷면에는 부드러운 털이 있고 꽃받침에 가시가 있습니다.

 나는 곳

북반구 온대지방에서 널리 자라는데 우리나라에서는 연못이나 늪에 자라고 관상용으로 기릅니다.

특 징

포기 중심에서 꽃대가 올라와 수면에서 밤에 꽃을 피우고 꽃의 직경은 25-40cm 정도이며 이틀간 핀 후 3일째 낙화하는 여러해살이풀입니다.

**수련** 연꽃과 비슷하지만 잎이 물에 떠 있습니다. 밤에 꽃잎이 오므라들어 수련(잠자는 연꽃)이라고 합니다.

수련적색꽃

수련흰색꽃

# 수선화

잎 사이에서 난 꽃줄기에 여섯 잎 꽃이 1~2월에 피고 가운데에 나팔 모양의 속꽃 (부화관)이 있습니다. 잎은 알뿌리에서 나서 길게 자랍니다.

## 나는 곳

지중해 연안이 원산지입니다. 우리 나라는 제주도에서 스스로 자라며, 다른곳에서는 원예용으로 심어 가꿉니다.

## 특 징

뿌리에 독성이 있어서 먹으면 탈이 납니다. 재배 품종으로 여러 가지 색의 꽃과 겹꽃이 있습니다. 여러해살이 알뿌리 식물이며 꽃이 예뻐 관상용으로 정원에서도 많이 기릅니다.

흰꽃

노랑꽃

## 양분을 저장한 줄기

비닐줄기-수선화

알줄기-감자

덩이줄기-글라디올러스

뿌리줄기-칸나

수선화의 알뿌리

# 앵초

잎은 잎자루가 있고 그 끝에 타원형을 한 긴 심장골 잎이 붙어있습니다. 잎가장자리에 둔한 톱니가 있고 끝은 둥글며 잎 전체에 긴 털이 있습니다. 꽃은 연한 홍색, 분홍색, 연보라색, 자주색, 흰색으로 핍니다.

## 나는 곳

산과 들의 계곡이나 습지에서 자랍니다. 정원에서 관상용으로 심어 기르기도 합니다.

## 특 징

줄기 끝에 우산 모양을 한 꽃이 달리며 직사광선에 약하고 반 그늘진 곳에 잘자라며 여러해살이풀로 전체에 많은 털이 있습니다. 약효가 있어 거담제, 천식에 이용하기도 합니다.

설앵초

고산봄맞이

계량형 앵초

앵초

# 엉겅퀴

## 생김새

잎은 타원형이고 깃털모양으로 갈라지며, 밑동은 줄기를 감싸고 가장자리에 톱니와 가시가 있습니다. 여름철 들판에서 핀 엉겅퀴 꽃은 무척 아름답습니다.

## 나는 곳

산이나 들에서 키 50~100cm로 자라며 전체에 흰 털이 있습니다. 진한 자주색 꽃방망이가 꽤 큼직하고 탐스럽습니다.

## 특 징

꽃은 6~8월에 붉은색, 자주색, 흰색으로 피는 여러해살이풀입니다. 열매는 타원형이며 9월에 익습니다. 어린잎은 식용으로 쓰이고 전체를 약재로 쓰입니다. 스코틀랜드의 국화입니다.

# 연꽃

## 생김새

물 위로 올라온 꽃자루 끝에 예쁜 꽃이 핍니다. 달걀 모양의 꽃잎이 여러 겹으로 피어 깨끗하고 탐스럽습니다. 7~8월에 꽃이 피고 9월에 열매를 맺습니다.

## 나는 곳

여러해살이 물풀로 우리 나라 여러 곳의 연못에서 자랍니다. 원산지는 인도 같은 아시아이며, 불교와 함께 들어왔어요.

## 특징

잎은 뿌리줄기에서 나온 잎자루 끝에 달려 물 위에 둥글게 자랍니다. 연뿌리와 연밥을 따서 먹기도 하며 열매는 약재로도 쓰입니다. 여름에 흰색 혹은 붉은색 꽃이 피는데 낮에는 꽃이 피고 밤이면 꽃잎이 닫혀요.

## 반쯤 물에 잠겨 산다

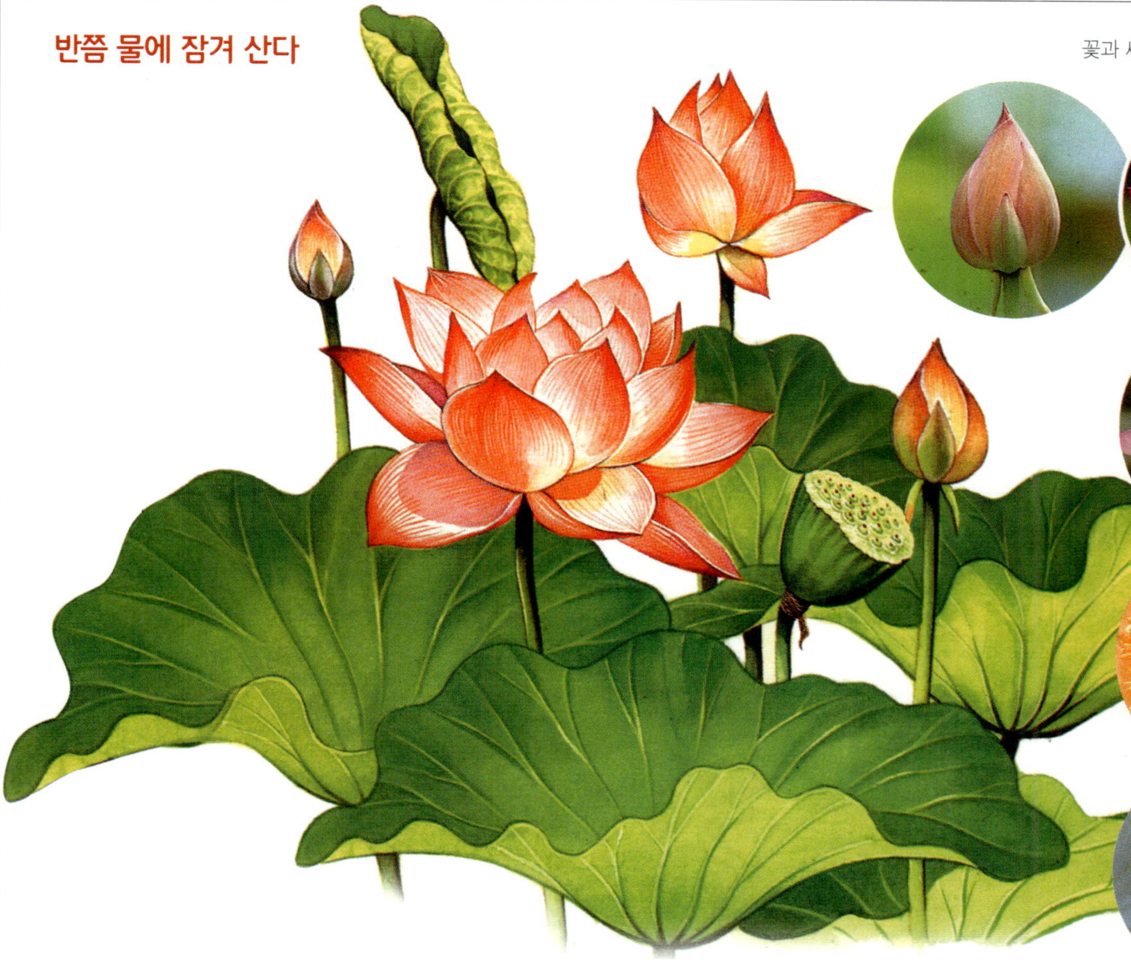

꽃과 씨의 자람

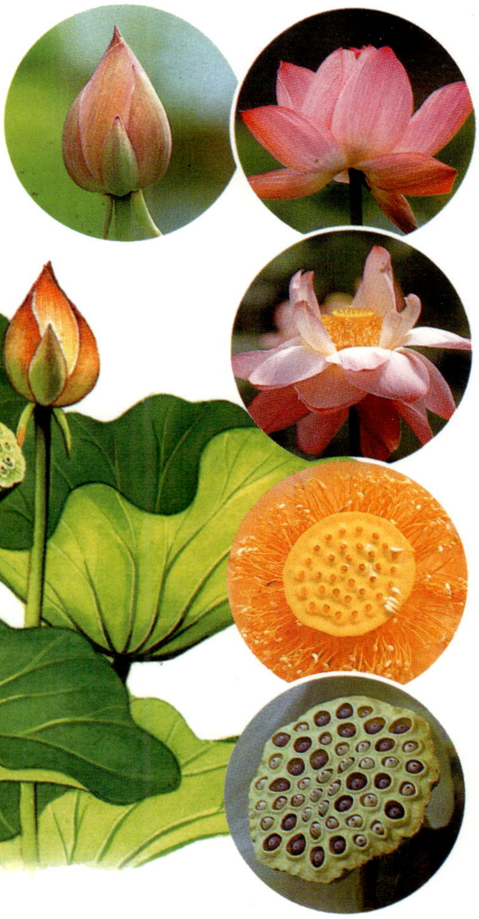

### 줄기와 뿌리의 관찰

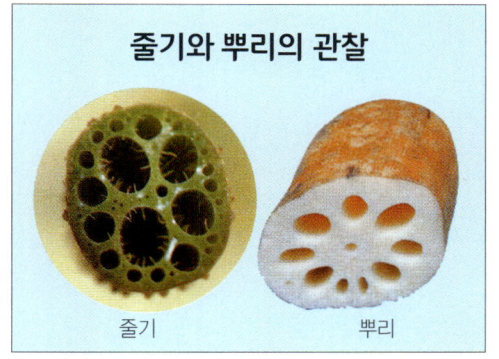

줄기　　뿌리

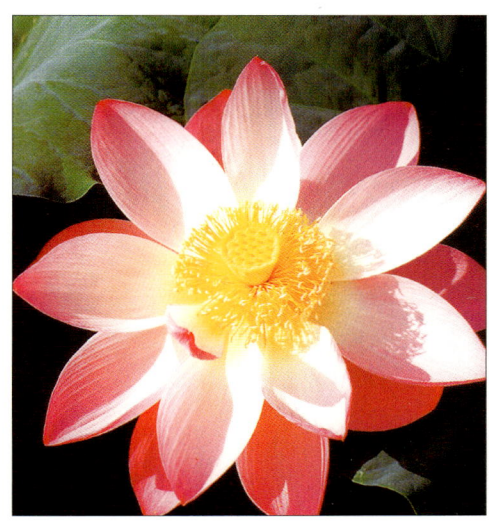

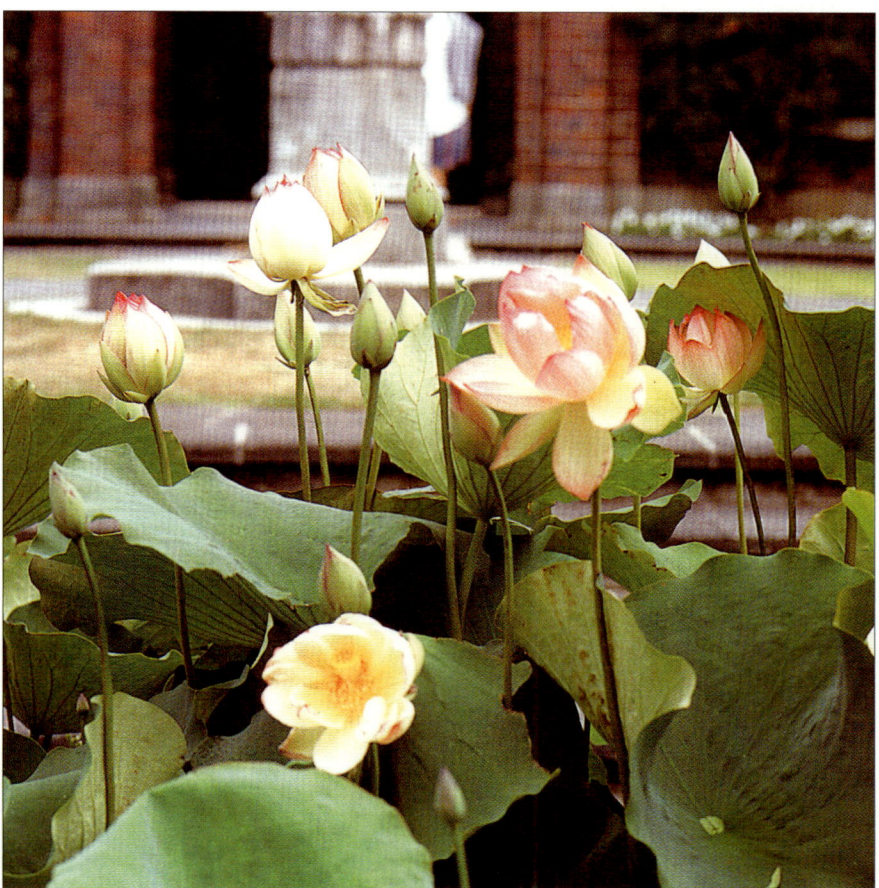

# 옥잠화

 **생김새**

잎은 굵은 뿌리 줄기에서 타원형잎이 나며 가장자리가 물결 모양이고 잎자루가 깁니다.

**나는 곳**

중국이 원산지이며 정원에서도 기르는 화훼품종입니다.

**특 징**

꽃은 긴 꽃줄기 끝에 여러 송이가 모여 달리며 8~9월에 흰색이 피는 여러해살이풀입니다. 열매는 원뿔 모양이며 씨에 날개가 있습니다.

# 우산나물

잎은 2~3개씩 나는데 우산을 편것과 비슷한 모양입니다. 성숙한 잎은 여러갈래로 갈라집니다. 높이는 50~120cm정도이고 어린잎은 마치 찢어진 우산을 반접어 놓은 듯한 모양이어서 붙여진 이름입니다.

## 나는 곳

깊은 산의 나무 밑 그늘에서 자라며, 봄과 가을에 포기를 나누어 증식시키고 9월에 종자를 채취하여 파종하면 됩니다.

## 특 징

꽃은 줄기 끝에 여러송이가 여름에 피며 연분홍 또는 흰색이고 씨는 10월에 영그는 여러해살이풀입니다. 해독의 효능을 가지고 있으므로 임산부는 먹지 말아야 합니다.

우산나물

애기우산나물

# 원추리

잎은 두줄로 마주나고 길며 서로 감싸고 있습니다. 긴 꽃대가 잎사이에서 나와 끝에서 여러 갈래로 짧게 가지를 치며, 그 끝에 꽃 색깔이 노란색이나 등황색이고, 깔데기 모양입니다.

## 나는 곳

야산의 초원에서 키 1m정도까지 자랍니다.

## 특 징

꽃은 여름에 긴 줄기 끝에 6~8 송이가 피고 깔대기 모양이며, 열매는 10월에 익습니다. 어린잎은 나물로 먹고 뿌리는 약재로 쓰입니다.

노랑원추리

큰원추리

골잎원추리

애기원추리

**골잎원추리**
잎은 가늘고 길며 끝이 뒤로 젖혀진다. 여름에 긴 꽃줄기 끝에 등황색 꽃이 핀다.

**왕원추리**
중국이 원산지이며, 사찰에서 관상용으로 기르며, 꽃이 하늘을 향한다.

노랑원추리

**원추리**
전국에 분포하며, 여름에 노랑빛이 도는 주황색꽃이 핀다.

**각시원추리**
꽃대가 잎보다 크게 자라지 않고, 끝에 두송이가 핀다.

애기원추리

**노랑 원추리**
산과 초원에 흔히 자라며, 여름에 황록색 꽃이 핀다.

**애기 원추리**
꽃잎 원추리와 비슷하나 전체적으로 작으며, 꽃의 수가 적다.

원추리

# 유채꽃

### 생김새

줄기 위에 꽃잎 넉 장이 +자 모양으로 달려 있습니다. 꽃은 노란색이며 4월에 핍니다. 잎은 어긋나기로 나며 줄기 아래쪽에 나는 잎은 깊이 갈라지고 위쪽에 나는 잎은 끝이 뾰족합니다.

### 나는 곳

두해살이풀로 우리 나라 남부 지방의 바닷가 또는 강가에 심어 가꿉니다. 중부 지방에서 가꾸기도 합니다

### 특 징

옛날에는 기름을 짜기 위해 심었는데 요즘에는 관상용으로 봄의 계절감을 표현할 때 빠질 수 없는 꽃으로 근년에는 초겨울부터 꽃이 피어 관광객에 즐거움을 한아름 안겨주는 꽃상품입니다.

유채잎은 약간 넓은 바늘 모양이에요

유채씨

83

# 은방울꽃

잎은 밑동에서 2장
이 마주나고 긴 타원형
입니다. 꽃은 종 모양이
며 5~6월에 흰색으로 피
어 은방울꽃이라 합니다.

**나는 곳**

산기슭의 낙엽수림 밑에 무리를 지어 싹이나며 키 25~35cm로
자랍니다.

**특 징**

여러해살이풀로 넓은 잎은 두장이며, 타원형이고 잎사이로 꽃
대가 올라오며, 꽃은 향기가 매우 좋습니다. 어린잎은 식용으로
사용하며, 열매는 가을에 붉게 익습니다.

### 향수

꽃의 향기는 나비와 벌뿐만 아니라 사람까지도 매혹합니다. 계곡의 백합과 은방울꽃, 장미꽃은 향수와 비누를 만듭니다.

계곡의 백합꽃들은 매혹적인 향기를 뿜어요. 은방울 꽃도 향기가 좋아요.

# 자란

 **생김새**

잎은 밑 부분에서 5~6장이 서로 감싸 줄기 처럼됩니다. 긴 타원형 잎은 끝이 뾰족하고 주름이 집니다. 꽃은 5~7송이 정도 달립니다.

 **나는 곳**

바닷가 산지 바위틈에 자라며, 기후와 관계없이 잘 자라는 야생란입니다.

**특 징**

야생란 중에서 햇빛을 가장 좋아하며, 꽃은 홍자색, 흰색 등 다양하고 추위에도 잘견디며 토양을 가리지않고 잘자라는 여러해살이풀입니다.

복륜백화

홍화

백화

# 작약

## 생김새

뿌리는 뾰족한 원기둥 모양으로 굵으며 줄기는 여러 개가 한 포기에서 나옵니다. 잎은 어긋나고 깃털 모양의 겹잎입니다.

## 나는 곳

산지에서 키 60cm 정도로 자라며, 약초로 쓰기 위해 밭에서 재배하기도 합니다.

## 특 징

줄기 끝에서 풍성한 꽃이 한송이씩 핍니다. 꽃잎은 5~7장이며 흰색 또는 붉은색으로 5~6월에 피고 뿌리는 약재로 사용합니다.

분홍작약

산작약

백작약

# 잔대

잎은 어긋나거나 돌려나고 타원형이며 가장자리에 겹 톱니가 있습니다. 꽃은 종모양이며 7~9월에 하늘색으로 피고 원줄기 끝에 여러송이가 달립니다.

## 나는 곳

산에서 키 40~120cm로 자라며 전체적으로 잔털이 있습니다. 중부 이북부터 한라산까지 널리 분포되어 피어 있습니다.

## 특 징

강인한 식물로 토양이나 주위 환경을 가리지 않고 잘자랍니다. 어린 잎과 뿌리를 식용으로하고, 뿌리는 약재로 쓰입니다. 여러해살이 풀로 꽃받침잎이 달린 채 덜 익은 열매 모습이 술잔과 비슷하다고 하여 잔대라고 이름붙혔습니다.

# 장미

## 생김새

날카로운 가시가 있는 가지에서 탐스럽고 예쁜 겹꽃이 핍니다. 5~6월에 빨강, 노랑, 분홍, 흰색 등의 꽃이 핍니다.

## 나는 곳

여러해살이 떨기나무로 꽃밭에 가꾸거나 온실에서 기릅니다. 고대 이집트에서 길렀고, 우리나라에서는 신라 시대부터 길렀답니다.

## 특 징

잎은 어긋나고 긴 타원 모양입니다. 꽃이 아름다워 '꽃의 여왕'이라고도 합니다. 전 세계에 15,000여 종이 있으며 우리 나라에 500여종이 있습니다.

## ● 장미의 종류

슈퍼스타

블루문

마가렛

피에르퀸트

코르데즈

덩쿨 장미
전체에 밑을 향한 가시가 드문드문 있고, 6~7월에 꽃이 핀다. 보통 집 안에 심어 울타리로 뻗어 올라가게 한다.

야생장미

재배한 장미

# 접시꽃

 **생김새**

꽃은 줄기의 잎겨드랑이에서 나온 꽃자루에 달립니다. 꽃은 6월에 피며 분홍색, 자주색, 흰색 등 여러가지입니다. 잎은 줄기에서 어긋나기로 나며 둥근 모양 입니다. 끝이 얕게 갈라져 손바닥과 비슷합니다.

**나는 곳**

아시아가 원산지이며, 두해살이풀로 우리 나라의 전국에서 자라며, 햇볕이 잘 들고 물이 잘 빠지는 곳에서 잘 자랍니다.

**특 징**

꽃은 품종에 따라 홑꽃과 겹꽃이 있으며, 어린 싹은 나물로 먹거나 국을 끓여 먹습니다. 활짝 벌어진 꽃잎이 접시 모양이어서 접시꽃이라고 이름을 붙였습니다.

# 제비꽃

## 생김새

꽃은 4~5월에 핍니다. 잎 사이에 난 꽃줄기 끝에 보라색 또는 자주색 꽃이 핍니다. 꽃잎은 다섯 장이며 크기가 각각 다릅니다. 잎은 뿌리에서 모여나기로 납니다.

## 나는 곳

여러해살이풀로 평지나 낮은 산기슭, 들판, 밭둑 등 햇볕이 잘 드는 곳에서 자랍니다.

## 특 징

꽃의 모양과 빛깔이 제비와 비슷하여 제비꽃이라고 이름을 붙였습니다. 오랑캐꽃, 반지꽃, 앉은뱅이꽃, 장수꽃 등 여러 가지 이름이 있습니다. 그리스의 나라꽃이기도 합니다.

제비꽃

고깔제비꽃

섬제비꽃

노랑제비꽃

낚시제비꽃

서울제비꽃

남산제비꽃

광릉제비꽃

태백제비꽃

뫼제비꽃

둥근털제비꽃

잔털제비꽃

졸방제비꽃

줄민둥뫼제비꽃

청알롱제비꽃

# 진달래

## 생김새

갈잎떨기나무로서 가지 끝에 분홍이나 연분홍색 꽃이 4월에 핍니다. 꽃은 갈때기 모양이며 끝이 다섯 개로 갈라집니다. 잎은 어긋나고 긴 타원 모양입니다.

## 나는 곳

산기슭이나 소나무 숲 아래에서 자라는 떨기 나무입니다. 특히 북쪽 산기슭에 많이 자랍니다.

## 특 징

잎보다 먼저 꽃이 핍니다. 꽃은 '참꽃' 또는 '두견화'라고 하며, 먹을 수 있고, 진달래술을 담그기도 합니다. 잎이 넓은 것을 왕진달래, 작은 가지와 잎에 털이 있는 것을 털진달래라고 합니다.

꽃봉우리

활짝핀 꽃

# 찔레꽃

 생김새

가지에 날카로운 가시가 있습니다. 작은 잎은 타원 모양 또는 달걀을 거꾸로 세운 모양이며 양끝이 좁고 가장자리에 잔 톱니가 있습니다. 꽃은 5월에 흰색 또는 연한 붉은색으로 핍니다.

## 나는 곳

산기슭이나 볕이 잘 드는 냇가와 골짜기에서 자라는 떨기나무로 들장미라고도 합니다.

## 특 징

꽃은 향기가 워낙 좋아서 꽃잎을 모아 주머니에 넣고 다니기도 했으며, 가을에 둥근 모양의 열매가 붉게 익습니다. 한방에서는 열매를 영실이라는 약재로 쓰기도 합니다.

찔레꽃 향기에 취한 벌과 나비가 모여들어요.

찔레꽃 씨

# 창포

잎은 뿌리에서 뭉쳐나고 긴 선형이며 밑 부분이 서로 싸여서 잎집처럼 되어 있습니다. 잎은 가늘고 길며, 여름에 꽃이 핍니다.

## 나는 곳

유럽이 원산지이며, 연못가의 습지에서 키 60~90cm로 자라는 여러해살이풀입니다.

## 특 징

꽃은 6~7월에 노란색으로 피고 꽃잎이 없으며, 잎처럼 생긴 꽃줄기에 원기둥 모양으로 모여 달립니다. 옛날에 꽃으로 머리를 물드렸으며 땅속 줄기를 약재로 쓰였습니다.

꽃창포

창포와 붓꽃의 비교

꽃창포

붓꽃

# 채송화

 **생김새**

가지 끝에 1~2송이씩 꽃이 핍니다. 꽃잎은 다섯 장이며 안쪽이 노랗습니다. 7~10월에 분홍, 노랑, 자주, 흰색 꽃이 핍니다. 줄기는 붉은색이며 많은 가지를 옆으로 뻗습니다.

 **나는 곳**

한해살이풀로 꽃밭에 심어 가꿉니다. 한 번만 씨를 뿌려두면 해마다 싹이 나 기르기가 쉽습니다.

**특 징**

잎은 굵은 바늘 모양이며, 꽃 한 송이는 아침에 피었다가 저녁에 지지만 다른 꽃이 피어나 오랫동안 꽃을 볼 수 있습니다. 생명력이 강해서 메마른 땅에서도 자랍니다.

자주색채송화

노랑채송화

채송화씨

빨간채송화

# 처녀치마

## 생김새

잎은 방석처럼 땅 위에 사방으로 퍼지고 끝 쪽은 뾰족해집니다. 잎 가장자리에 가시같은 미세한 톱니가 있습니다. 중심부에서 10cm정도의 꽃대가 올라와 끝에 10송이 정도 뭉쳐핍니다.

## 나는 곳

산의 약간 습기가 있는 응달의 부엽질이 풍부하고 비옥한 토질에서 자라는 다년생 식물입니다.

## 특 징

봄부터 여름에 걸쳐 홍자색 또는 흰색의 꽃이 피는 여러해살이풀입니다. 겨울에도 푸른 잎을 유지하며 제주도와 울릉도를 비롯해 전국에 널리 분포되어 있습니다.

자주처녀치마

처녀치마

잎이 치마와 같다하여 처녀치마라합니다

흰처녀치마

처녀치마 새싹

# 철쭉

잎이 어긋나고 달걀 모양이며 가장자리가 밋밋합니다. 홍자색 꽃이 피는 것을 산철쭉, 흰색 꽃이 피는것은 흰철쭉이며, 갈잎떨기나무입니다.

## 나는 곳

여러 산지에서 2~5m로 자라며, 관상용으로 정원에서 많이 기르고 있습니다.

## 특 징

꽃은 5월에 잎이 나면서 연분홍색으로 피고 가지 끝에 3~7송이씩 모여 달립니다. 꽃잎 안쪽에 갈색 반점이 있습니다. 열매는 타원형이며, 긴 털이 있고 10월에 익습니다. 꽃이 흰색인 것을 흰철쭉이라고 합니다.

철쭉나무

산철쭉

흰철쭉나무

영산홍

흰철쭉

# 초롱꽃

## 생김새

줄기는 꼿꼿이 서고 높이는 30~80cm 크기로 자랍니다. 잎은 서로 어긋나게 자라며 계란형으로 가장자리에 불규칙한 톱니가 있습니다.

## 나는 곳

야산이나 들에서 자라는 다년생 식물로 햇빛이 잘 들고 조금 척박한 토양에서 배수처리가 잘 되는 곳에서 자랍니다.

## 특 징

줄기 윗부분의 잎 겨드랑이에 여러 줄기의 꽃대가 자라며 종 모양의 꽃이 밑을 향해 핍니다. 꽃은 여름에 피며 여러해살이 식물입니다. 어린잎은 식용으로도 쓰입니다.

금강초롱꽃

흰금강초롱꽃

자주섬초롱꽃

섬초롱꽃

흰섬초롱꽃

자주초롱꽃

# 카네이션

줄기 끝이나 위쪽의 잎겨드랑이에서 꽃이 핍니다. 7~8월에 빨강, 노랑, 분홍, 흰색 꽃이 핍니다. 잎은 마주나며 가늘고 긴 모양입니다.

### 나는 곳

여러해살이풀로 산이나 들에서 자라며, 원예용으로 재배를 합니다. 원산지는 유럽, 아시아입니다.

### 특 징

꽃말은 '어머니의 사랑'입니다. 어버이날에 부모님에게 빨간 카네이션을 달아 드립니다. 향기가 있습니다. 높이 40~60cm 정도 자라며 마디는 볼록하게 나와 굵고 가지를 잘 칩니다. 많은 원예종이 있으며, 겹꽃종이 많습니다.

## 카네이션의 원예품종

● 속명은 그리스어의 신이라는 뜻과 꽃이라는 뜻의 합성어입니다. 꽃이 아름다워 신성한 꽃이라는 의미로 부릅니다.

● 카네이션은 여러가지로 소모가 되며, 꽃의 색도 다양하여 필요에 따라 일년 내내 출하가 가능한 꽃입니다.

● 카네이션의 원산지는 코가사스, 남부유럽, 서부아시아, 아메리카에 분포하여 약 300여종이 있습니다.

# 칸나

## 생김새

줄기는 원기둥 모양이고 홍자색 또는 녹색이며 자르면 점액이 나옵니다. 잎은 넓은 타원형이고 밑부분이 잎집으로 되어 줄기를 감쌉니다.

## 나는 곳

열대 남아시아가 원산지이며 키 1~2m로 자라고 굵은 뿌리 줄기가 있습니다.

## 특 징

관상용으로 가꾸는 알뿌리 화초입니다. 여름에 붉은색, 노란색 등의 꽃이 피며, 열매는 둥글며, 씨는 흑색으로 딱딱합니다. 칸나는 프렌치와 이탈리아로 분류하며 꽃이피면(점화) 잘라서 화원에서 주로 사용합니다.

칸나 꽃 봉우리

노랑꽃 칸나

칸나의 씨

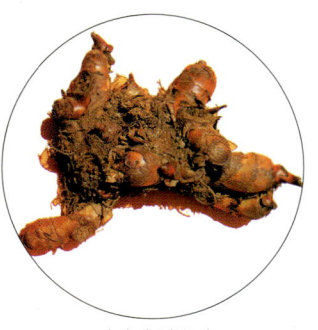

칸나의 알뿌리

# 코스모스

 **생김새**

꽃잎이 여덟 장 달려 있고 가운데에 붉은색, 분홍색, 흰색꽃이 6~10월에 꽃을 피웁니다. 잎은 마주나며 여러 갈래로 갈라진 깃 모양입니다.

**나는 곳**

한해살이풀로 산이나 들에서 저절로 자랍니다. 길가나 꽃밭에 심어 가꾸기도 합니다.

**특 징**

줄기에서 가지가 갈라지며, 줄기에 털이 없습니다. 초여름부터 가을까지 꽃이 피지만 가을을 느끼게 하는 꽃입니다. 살살이꽃이라고도 합니다.

코스모스의 꽃이 지고 씨가 맺히는 과정

①

②

③

④

# 튤립

 **생김새**

곧게 뻗은 줄기 끝에 넓은 종 모양 꽃이 한 송이씩 위를 향해 핍니다. 4~5월에 빨강, 분홍, 노랑, 흰색 꽃이 핍니다. 잎은 줄기를 감싸듯이 하며 어긋납니다.

 **나는 곳**

튤립은 원산지가 터키이며, 여러해살이 알뿌리 식물로 원예용으로 심어 가꿉니다.

**특 징**

흐린 날에는 꽃이 반만 피며, 땅 속에 둥근 알뿌리가 있습니다. 튤립을 장미와 함께 세계에서 많이 기르는 식물로 꽃색깔이나 모습이 백가지가 넘고 향기가 없습니다. 꽃은 비늘줄기에 단맛이 있어 삶아 먹기도 합니다.

알뿌리인 비늘줄기

꽃을 세로로 자른 모양

노란꽃

빨간꽃

흰꽃

## 패랭이꽃

 **생김새**

줄기는 한 뿌리에서 여러개가 나와 곧게 자라고, 잎은 가늘고 긴 선형으로 마주나며, 밑부분이 합쳐져 원줄기를 둘러쌉니다.

 **나는 곳**

산기슭의 풀밭이나 냇가 모래땅이나, 어린이들이 뛰어 놀기 좋은 나지막한 산에서 많이 자랍니다.

**특 징**

꽃은 6~8월에 진분홍색으로 피고 가지끝에 한 송이씩 달립니다. 열매는 꽃받침으로 싸여 있으며, 9~10월에 익는 여러해살이풀입니다. 줄기가 곧게 자라고 높이는 50cm쯤 되고, 버들잎꼴이지요.

패랭이꽃

흰술패랭이꽃

장백패랭이꽃

사계 패랭이꽃

술패랭이꽃

구름패랭이꽃

# 할미꽃

생김새

잎은 모여나며 작은 잎 다섯 장이 커다란 잎을 이룹니다. 작은 잎은 가장자리가 깊이 갈라져 있습니다. 온몸에 기다란 털이 돋아 있으며 꽃자루가 길게 자랍니다. 기다란 꽃자루 끝에 한 송이씩 아래로 향해 핍니다.

 나는 곳

우리 나라 여러 곳의 햇볕이 잘 드는 언덕배기나 산기슭에 납니다.

## 특 징

꽃은 긴 종 모양의 갈래꽃이며 붉은빛을 띤 자주색입니다. 할미꽃은 우리 나라가 원산지인 여러해살이 들꽃입니다. 꽃잎이나 뿌리는 잘 관리하여 약으로도 씁니다.

동강할미꽃

보라색할미꽃

노랑색할미꽃

할미꽃씨

가는잎할미꽃

# 해당화

## 생김새

새로 난 가지 끝에서 꽃
망울이 5~7월에 꽃이
피며 붉은색입니다.
대부분 홑꽃이며 겹꽃도
있습니다. 잎은 깃꼴
겹잎입니다.

## 나는 곳

갈잎큰키나무로 바닷가 모래땅이나 산기슭에서 높이 1~1.5m로
자라며, 갈색가시와 억센 털이 빽빽이 납니다.

## 특 징

줄기와 가지에 털 같은 가시가 많이 있습니다. 향기가 좋아
꽃과 열매는 향수나 약재의 원료로 쓰입니다.

꽃봉우리

활짝핀 꽃

꽃이 진 상태

열매

꽃봉우리

● **해바라기의 종류**

여러가지의 종류가 있으며, 종자는 기름을 짜서 식용하거나 제과용으로 사용하며, 줄기는 제지 또는 동물사료로 사용합니다.

루나

이브닝썬

태양

**해바라기**

썬리치레몬

겹해바라기

썬리치오렌지

쏘니아

● **해만 바라보는 꽃**

꽃이 항상 해가 있는 쪽을 바라보고 피며, 해가 도는 데로 따라 방향을 돌린다고 하여 해바라기라고 합니다.

### 생김새

가장자리에 노란 꽃잎이 햇살처럼 나 있고, 안쪽에는 작은 별꽃이 가득 피어 있습니다. 7~9월에 꽃이 핍니다. 곧게 뻗은 줄기 위쪽에서 가지가 갈라집니다. 잎은 어긋나며 끝이 뾰족한 타원 모양입니다.

### 나는 곳

한해살이풀로 울타리나 밭에 심어 가꾸고 꽃은 노란꽃이 피며, 원산지는 미국입니다.

### 특 징

해를 따라 돈다고 하여 해바라기라고 이름 붙였습니다. 그러나 꽃이 피면 줄기가 굵어져서 돌지 않습니다. 한송이에서 1,000개~1,500개의 씨가 맺히며, 먹기도하고 기름을 짜기도 합니다.

씨

활짝 핀 꽃

꽃잎은 지고 씨앗이 영그는 상태